AF453730

ABRÉGÉ

DE LA VIE

DE MARIE-ANNE LACOMBE,

Née D'ALAMANY,

Tiré de l'Année affective pour tous les
jours de l'année ,

Par M. l'abbé LABICHE,
Chanoine de la cathédrale de Limoges.

1834.

ABRÉGÉ

DE LA VIE

DE LA VÉNÉRABLE

Marie-Anne Lacombe, née d'Alamany.

Le bras du Seigneur n'est par raccourci, et, dans ce siècle irréligieux, comme dans les plus beaux jours de l'église ; dans les conditions peu élevées comme dans celles qui brillent le plus aux yeux des hommes, le Seigneur a encore, quoiqu'en plus petit nombre, ses élus : je ne dis pas seulement ses élus secrets et inconnus, mais même ses élus visibles et manifestes, qu'il est comme impossible à l'observateur chrétien de ne pas reconnaître pour tels. J'en trouve une preuve, entre beaucoup d'autres, de cette vérité consolante, dans la très-vertueuse femme dont je vais écrire la vie, d'après ce que m'ont raconté plusieurs personnes qui l'ont connue très-particulièrement; d'après ce que j'ai vu par moi-même dans les rapports assez fréquens que j'ai eu avec elle; enfin d'après les mémoires manuscrits et on ne peut plus authentiques, laissés par feu son mari, qui n'avait guères moins de mérite et de piété qu'elle.

Elle naquit en 1752, de parens peu aisés; mais, par un trait particulier de la providence, qui voulait l'élever à un très-haut dégré de perfection, elle naquit et passa ses premières années au château du Chambon, que Madame Desmarais remplissait de l'odeur de ses vertus, après l'avoir transformé en une sorte de maison religieuse. Je laisse à penser quel germe de vertu et de piété déposa dans ce jeune cœur cette fervente dame, qui dès lors était en possession de travailler avec un zèle et une vigilance admirables à la sanctification de tous ceux qui l'entouraient, et qui avait donné sa propre fille pour maraine à cette pauvre enfant ; mais son père étant mort, sa mère la mit en pension à très-bas prix, car elle était chargée de famille. Les personnes chez qui elle la mit, la faisait travailler au-dessus de ses forces, et elle manquait quelquefois du nécessaire. En outre, elle avait à souffrir des insipides railleries et même des injures et de mauvais traitemens des personnes jalouses peut-être de son air et de son maintien, moins rustique que le leur, et piquées sur-tout de ce que, grâce aux soins de Madame Desmarais, elle était beaucoup plus modeste et plus réservée qu'elles ; enfin, cependan', la divine Providence, qui veillait sur Marie-Anne d'une manière toute particulière, fit cesser cette espèce de persécution si pénible pour cette jeune fille, qui, quoique née dans un état humble, avait une âme noble et élevée, et se ressentait de la première éducation qu'elle avait reçue au château du Chambon. On la plaça, à l'âge d'environ quinze ans, d'une manière sortable à ses goûts et aux heureux penchans qu'elle manifestait, dans le bourg de Berme, près ce même château, chez une demoiselle âgée et très-infirme, appelée Mademoiselle de Marsac. Elle eût été là parfaitement, à cela près qu'elle y travaillait un peu trop. Cette demoiselle avait beaucoup de piété ; mais, n'étant pas seule dans sa maison, il s'y trouvait un second ménage qu'elle n'était pas libre d'expulser, et qui, sous le rapport de la religion et des mœurs, contrastait étrangement avec celui auquel elle présidait. Qu'on juge de ce que dût souffrir là une âme aussi pure et aussi délicate qu'était celle de notre vertueuse Marie-Anne ! combien de fois ne fût-elle pas témoin involontaire d'infamies qui la révoltaient au suprême dégré, et même positivement sollicitée au mal ! mais la vivacité extrême de sa foi et sa courageuse pudeur, la firent toujours sortir pure et victorieuse, comme la chaste Suzanne, de ces humiliantes autant que pénibles épreuves.

Elle ne parlait dans la suite qu'avec une indignation et un frémissement d'horreur des dangers auxquels sa

vertu, encore si tendre, avait été ex-
posée dans ce lieu de scandale, et elle
ne pouvait assez bénir celui qui la
protégeant à l'ombre de ses ailes, l'a-
vait conservée intacte (comme autrefois les trois enfans du peuple hé-
breu), au milieu des flammes, bien
autrement à redouter que celles de la
fournaise de Babylonne.

Mademoiselle Demarsac qui, vu
ses infirmités qui la retenaient habituellement au lit, ignorait bien des
désordres qui se commettaient près
d'elle, et qui, quand elle les eût con-
nus, n'aurait pu y remédier ; cette
demoiselle, dis-je, l'appréciait parfaitement. Du moment qu'elle l'eût
chez elle, elle avait compris de quel
trésor le Ciel l'avait gratifiée en la lui
confiant, et dès-lors elle s'était im-
posé la tâche de l'affermir de plus en
plus dans le bien, et d'achever de la

former à la vertu , soit par ses discours de piété , soit par les exemples
journaliers de patience inaltérable
dans les plus grandes souffrances ,
qu'elle se proposait de lui donner.
Elle avait pour elle la tendresse d'une
mère , lui accordant toute sa confiance , la regardant comme son amie ,
ou plutôt comme sa sœur. La jeune
personne , de son côté , l'affectionnait
extrêmement et lui rendait , avec un
zèle et une charité sans bornes , tous
les services qu'on peut attendre de
l'amitié la plus sincère , aussi bien
que la plus attentive et la plus em-
pressée.

Elle demeura dans cette maison environ cinq ans ; au bout de ce temps ,
le Seigneur exigea de l'une et de l'autre le sacrifice du bonheur qu'elles
goûtaient ensemble , sanctifiant la vénérable infirme par cette nouvelle

épreuve ajoutée à tant d'autres qu'elle avait déjà eues à subir, et instruisant sa jeune amie à rompre de bonne heure sa volonté, et à ne tenir à rien absolument sur la terre, outre qu'il entrait dans les desseins du ciel de la placer sur un théâtre plus élevé, où sa vertu, déjà affermie, achéverait de s'épurer, et où, étant plus en vue, elle édifierait d'avantage. En effet, M. et M.me Desmarais, chez qui elle était née, qui l'avaient, pour ainsi dire, toujours suivie de l'œil, et qui depuis long-temps avaient le secret projet de s'attacher d'une manière durable une personne d'un si rare mérite, lui proposèrent de revenir auprès d'eux au Chambon, et M.me Desmarais alla la chercher à Berme. Marianne avait alors vingt ans. Je ne trace pas ici tout ce qu'un cœur aussi honnête et aussi bien placé que le sien éprouva dans cette conjoncture déli-

cate, où ellé était combattue par le
regret de quitter une excellente personne, qu'elle regardait avec raison
comme sa seconde mère, une sainte
personne infirme, à qui elle était dou-
blement atrachée, et par les bienfaits
qu'elle en avait reçus, et par les services multipliés qu'elle-même lui
avait rendus; d'un autre côté, par le
juste désir de céder aux instances réi-
térées de ses premiers bienfaiteurs,
qui l'avait toujours regardée comme
leur pupille, et croyaient avec raison
avoir des droits sur elle, qui d'ailleurs
faisaient profession ouverte d'une haute
piété, et, en l'attirant près d'eux,
avaient moins en vue leur propre avantage que son bonheur personnel et surtout la gloire de Dieu, premier mobile
de toutes leurs actions.

Je me borne aux faits, et à dire que
Marie-Anne, après bien des combats

et des incertitudes, bien des larmes et des regrets, se rendit aux invitations qu'on lui faisait, et rentra au château du Chambon, et y fut établie, quoique jeune encore, intendante ou gouvernante de cette grande et opulente maison, ce qui prouva la haute idée qu'on avait conçu, non seulement de ses talens et de sa capacité, mais encore de sa sagesse et de sa vertu, de sa prudence et de sa fidélite. M. et Madame Desmarais possédaient, l'un et l'autre, dans un dégré éminent, le talent de connaître les hommes et de discerner le vrai mérite ; ils le montraient surtout en cette occasion. Jamais, en effet, jamais ils ne trouvèrent une personne aussi jeune et aussi favorisée de la nature.

Marie-Anne d'Alamany était belle femme, grande, bien faite, et joignant aux agrémens de la figure, un port noble, un maintien grave et décent, qui commandent le respect, et cependant un air ouvert extrêmement gracieux. Tout le monde ne pouvait s'empêcher de l'admirer et de la respecter.

Ajoutez qu'elle avait de l'esprit naturel, du tact, de l'élévation dans sa façon de penser, et beaucoup de délicatesse de sentiment. Elle a fait paraître, dans les divers emplois attachés à sa place, une grande vigilance et un grand amour de l'ordre, infiniment d'intelligence à-la-fois et d'activité, et surtout beaucoup de jugement et de maturité dans toute sa conduite; et, ce qui relevait encore ces heureuses qualités, c'étaient les grands sentimens de religion dont elle était pénétrée, son extrême délicatesse de conscience, sa tendre piété, sa modestie angélique, et toutes ses autres vertus chrétiennes.

Elle était singulièrement édifiée et touchée de la ferveur et de la régularité qu'elle voyait régner au château, et, à son tour, elle contribuait à accroître considérablement l'odeur de piété qu'on y respirait, par l'édification qu'elle donnait elle-même à tous ceux qui la voyaient. Combien n'eût-elle pas voulu participer à tous les pieux exercices qui s'y pratiquaient en commun ; avec quel soin ne ménageait-elle pas son temps pour en faire au moins quelques-uns ! Je dis, quelques-uns, car elle savait subordonner ses goûts et son attrait à ses obligations, et ses prières, quoique longues, ne nuisirent jamais à l'accomplissement de ses autres devoirs.

Se défiant avec raison de son inexpérience et de son propre jugement, elle s'attachait surtout à se procurer d'excellens directeurs. Elle montrait autant de discernement pour justifier ce que j'avance ici, qu'il me suffira de nommer ceux qui gouvernèrent le plus long-temps sa concience. Ce furent Mrs Dalesme, Lenoir, Delause, Laire.

Je crois devoir ajouter ici, par occasion, que ces dignes ecclésiastiques ont tous rendu, de son éminente piété, le témoignage le plus avantageux. Le premier, surtout, qui l'avait confessée l'espace de seize ans, ne tarissait pas sur ses louanges, et s'exprimait, en parlant d'elle, avec une chaleur et une énergie qui ne lui était pas ordinaire. Quand il fut nommé directeur des religieuses claristes de Limoges, il s'estima, disait-il, heureux d'avoir à confesser, dans ce monastère, une fille de cette sainte femme, laquelle s'y était consacrée à Dieu. L'abbé Laire ajoutait à cet éloge de Marie-Anne, quand Dieu l'eût appelée à lui, que quand elle ferait des miracles, il n'en serait pas surpris.

Elle montrait autant de discernement dans le choix qu'elle en faisait, que d'empressement et de docilité à suivre leurs sages conseils, quand une fois elle leur avait donné sa confiance. Ils furent souvent obligés de modérer son zèle et son ardeur pour le bien, et en particulier de réprimer le penchant qu'elle avait à pratiquer des mortifications extraordinaires. L'un d'eux lui fit quitter, à raison de ses fréquentes indispositions, un cilice qu'elle portait sur sa chair nue. Malgré ce penchant à une vie dure et pénitente, elle était naturellement gaie, mais d'une gaieté douce et modérée, qui provenait du calme et de la paix de sa conscience; du reste, ses manières était extrêmement réservées; on ne l'entendit jamais chanter des chansons profanes; jamais on

ne la vit danser ; elle méprisait même
et regardait en pitié ce dernier amu-
sement, pour lequel les jeunes filles
ont d'ordinaire tant de passion, et elle
ne concevait pas qu'il pût s'allier avec
les goûts sérieux et élevés d'une âme
immortelle, non plus qu'avec la pra-
tique de la morale austère du chris-
tianisme. Quoique dans l'âge des pas-
sions, elle paraissait n'en point avoir,
et elle chérissait tellement l'état de
virginité, qu'on eût dit qu'elle avait
le mariage en horreur ; aussi, desirait-
elle passionnément de se faire religieuse, et se serait - elle présentée
chez les Dames de Saint-Alexis, si
elle eût eu de la fortune.

Elle s'entretenait souvent là-dessus
avec ses amies, et les exhortait à re-
noncer de leur côté au monde et à ses
vanités, pour n'avoir d'autre époux
que Jésus-Christ. Les termes qu'elle

employait en cette occasion, ne montraient pas seulement le cas infini qu'elle faisait de l'état religieux ; plus d'une fois ils affermirent ou même déterminèrent la vocation de celles qui eurent le bonheur de l'entendre. Elle refusa plusieurs partis sortables, ajoutant, avec beaucoup de sagesse, qu'elle ne connaissait pas assez directement ce que Dieu demandait d'elle, ni ce qu'il était possible qu'elle acceptât un jour. Pour mettre fin aux instances qu'on lui faisait fréquemment pour l'engager à s'établir, elle avait résolu de faire vœu de chasteté perpétuelle, et ce fut pas sans peine que son directeur parvint à lui faire abandonner ce dessin.

M. et Madame Desmarais, s'attachant d'autant plus à elle, qu'il la voyaient croître plus sensiblement en toutes sortes de vertus, comme une jeune plante que le Saint-Esprit prenait soin de cultiver lui-même, résolurent de perfectionner son éducation et de lui faire donner les connaissances propres à son état, qu'elle n'avait pas été jusqu'alors à portée d'acquérir, vu la multiplicité de ses occupations et les durs travaux auxquels, ainsi que le saint Roi prophète, elle avait été assujettie dès sa plus tendre enfance. Pour cet effet, ils la placèrent en communauté à Limoges, sous la direction d'une excellente religieuse de Saint-Alexis (la sœur Déale, nommée en religion sœur Saint-Denis), qui pour lors était supérieure de la maison dite du Réfuge. Celle-ci ayant bientôt reconnu son mérite, la prit singulièrement en affection et s'occupa principalement du soin de perfectionner de plus en plus cette âme d'élite qu'elle voyait déjà si avancée dans la vertu ; mais une maladie de langueur dont M. Desmarais fut atteint vers ce temps-là, et qui acheva par le précipiter au tombeau, le força bientôt de la rappeler auprès de lui pour le soigner dans cette triste conjoncture, et pour soulager Mme Desmarais dans les soins qu'elle lui donnait.

C'était la sixième fois pour le moins que Marie-Anne changeait de domicile. Il était donc arrêté dans les décrets de la Providence que cette pauvre enfant serait toujours errante et sans demeure fixe, comme le père des Croyans, et que, malgré le danger naturellement attaché à ces changemens perpétuels, spécialement protégée d'en haut, elle se soutiendrait constamment dans le bien, et croîtrait même sensiblement en vertu, là où d'autres auraient vu infailliblement échouer la leur.

Envers ses bienfaiteurs, et à la déférence qu'elle devait à l'avis de ses
directeurs, qui lui conseillèrent aussi
de s'établir, par un secret pressentiment du grand bien qu'elle ferait un
jour dans le monde, ne fût-ce que
par l'éducation éminemment chrétienne qu'elle donnerait infailliblement à ses enfans ; aussi sut-elle se
faire un nouveau mérite devant Dieu
d'un engagement périlleux où tant
d'autres perdent celui qu'elles ont acquis avant de le contracter. Le Ciel
parut la récompenser dès ce monde
de ce généreux renoncement à sa propre volonté, en lui faisant faire du
moins un aussi excellent choix qu'elle
pouvait le désirer. Elle fût mariée en
1778, dans la chapelle domestique
du château, par son directeur lui-
même (M. l'abbé Lenoir), à un jeune
homme un peu moins âgé qu'elle,

nommé Lacombe. Le Seigneur fit encore plus pour elle, il la rendit mère d'un grand nombre d'enfans, et malgré toutes les peines, les soucis et les travaux inséparables de son nouvel état, elle se montra toujours la femme forte.

Martial Lacombe, né d'une famille honnête, dans la paroisse de Sercilhac, près la ville d'Aix, était un jeune homme plein de religion et même d'une piété et d'une probité à toute épreuve, et qui avait de l'éducation. Pendant la révolution il demeura constamment attaché à la maison Desmarais; il lui rendit de très-grands services, et fit paraître tant de qualités dans des temps extrèmement critiques, que Mlle Desmarais, retirée au château du Chambon, pour y faire l'éducation de ses neveux en bas âge, et pour recueillir à leur profit les débris de la fortune de leur père, lui donna toute sa confiance, et crut même devoir le faire nommer tuteur de ses jeunes orphelins. L'attachement qu'il eut toujours pour sa vertueuse épouse, la justesse avec laquelle il l'observa et sut apprécier toutes ses bonnes qualités, la haute estime qu'il avait conçu pour elle, le touchant hommage qu'il a rendu à sa mémoire dans l'histoire de sa vie, qu'il a laissé manuscrite à leurs enfans communs, tout cela suffirait pour donner de lui l'idée la plus avantageuse. Il mourut à Sercilhac en 1818, après avoir cruellement souffert de la pierre. Du mariage et d'une famille aussi nombreuse que la sienne, il lui fit goûter constamment le bonheur dans son nouvel état, et même acquérir pour l'autre vie beaucoup plus de mérite qu'elle n'eût fait probablement si elle avait persisté à garder le célibat. En effet, loin d'imiter les jeunes femmes, qui semblent croire que le mariage les délivre de toute contrainte, qu'il les dispense en particulier d'être pieuses et bonnes chrétiennes, et les autorise à se livrer au monde et à toutes ses folies, Marie-Anne Lacombe se crut avec raison plus assujettie que jamais par ses devoirs d'épouse, de mère, de maîtresse de maison, après l'accomplissement de ceux que lui imposaient la religion et ses exercices de piété. Elle partageait toutes ses affections, tout son temps, tous ses soins entre son époux, ses enfans et son ménage, et elle sut trouver le secret, si rare de nos jours, de devenir, dans l'état le plus critique pour le salut, plus fervente, plus zélée que jamais pour sa propre satisfaction et pour la satisfaction de tout ce qui l'entourait. Son mari, dans l'écrit dont nous venons de parler, lui rend ce témoignage, qu'elle eût

pour lui tous les égards, l'amitié, la tendresse, le respect même qu'il pouvait attendre de la meilleure épouse. Il va, dans sa sensibilité et le transport de sa douleur et de sa reconnaissance, jusqu'à s'écrier, en lui adressant la parole, trois mois après l'avoir perdue : « Ma chère épouse, que ma
» main droite m'abandonne, si jamais
» je vous oublie ! ma chère épouse,
» l'affection que vous m'avez témoi-
» gnée constamment pendant tout le
» temps qu'a duré notre union, les
» soins et les attentions que vous
» m'avez prodigués, votre délica-
» tesse, vos procédés honnêtes, vos
» prévenances, enfin tout ce que vous
» avez fait pour moi, restera pour
» jamais gravé dans mon cœur en
» caractères ineffaçables ».

De l'union de ces tendres époux, naquirent treize enfans, tant de l'un

que de l'autre sexe. C'était de quoi
alarmer étrangement tout autre mère
que Marie-Anne Lacombe, eût-elle eu
pour élever une si nombreuse famille
et lui donner de l'éducation, beaucoup plus de ressources qu'elle n'en
avait. Toutefois, elle ne fût jamais
réellement inquiète ; toujours elle mit
sa confiance en celui qu'elle aimait
de toute l'ardeur de son âme, en celui
qui nourrit les oiseaux des champs,
et qui revêt les lys des campagnes ;
aussi ne fût-elle jamais confondue.

Elle cherchait avant tout le royau-
me de Dieu et sa justice ; tout le reste
lui vint comme par surcroît, selon
l'expression de l'évangile. Elle ne put
allaiter aucun de ses nombreux enfans ; et combien un cœur aussi tendre que le sien ne souffrit-il pas de
cette douloureuse privation ! Mais ce
fut bien pis quand les nourrices aux-

quelles elle avait confié ces tendres nourrissons, et qui devaient la remplacer auprès d'eux, trompèrent son attente et manquèrent à leurs obligations, ce qui arriva plus d'une fois. Qui pourrait dire toutes les sollicitudes qu'elle éprouva dans cette occasion, et en général tous les soins qu'elle donna à ces jeunes plantes, toutes les peines, tous les soucis et tous les chagrins qu'ils lui occasionnèrent à mesure qu'ils prirent de l'accroissement? Mais, bien plus occupée de l'âme de ses enfans que de leur corps, elle les instruisait, dès qu'ils pouvaient articuler quelques mots, à begayer le nom sacré de Dieu; et, grâce à ses fréquentes recommandations, malgré la dissipation naturelle à cet âge, ils pensaient souvent au Seigneur dans la journée, et le priaient de leur plein gré, sans parler des exercices de piété assortis à leur faiblesse, qu'elle faisait faire en commun plusieurs fois le jour. Elle perdit cinq d'entr'eux en bas âge ; le premier de tous, une de ses filles, mourut au moment où, parvenue à l'âge de raison, elle pouvait lui être de quelqu'utilité et lui donner de la consolation par le penchant au bien qu'elle manifestait. Elle en perdit trois autres fort jeunes. Les sept autres ont survécu à leur mère, et ont tous reçu une éducation conforme et même supérieure à leur état ; mais, fortement imbus des grands principes de religion et de mépris de tout ce qui est créé, qu'elle leur avait inculqués, quatre de ses filles, dont trois vivent encore, ont dit un éternel adieu au monde, et sont entrées dans diverses communautés qu'elles édifient par des vertus peu communes, double faveur qu'elles attribuent avec raison aux prières de leur sainte mère, et qui achève de les confirmer dans l'opinion, d'ailleurs si vraisemblable, qu'elle est au ciel.

Considérée comme maîtresse de maison, Marie-Anne Lacombe avait beaucoup de soins, d'ordre et d'arrangement, quoique sujette à une maladie de nerfs dont les attaques étaient aussi fréquentes que violentes; elle était extrêmement laborieuse et ne s'épargnait nullement : toujours on la voyait en action. Quand son mari eût pris en ferme un bien considérable, elle travaillait elle seule autant que plusieurs de ses filles, et même que ses servantes. Au reste, elle le faisait encore plus en esprit de pénitence et par mortification, que par besoin et pour faire subsister sa nombreuse famille; et pendant son travail, elle ne perdait presque pas de vue la présence de Dieu. Pour s'animer à supporter le poids de ses diverses occupations, qui véritablement surpassaient quelquefois ses forces, elle répondait à ceux qui l'engageaient à se ménager, que Jésus-Christ sur la terre n'avait jamais été sans travailler. Quoiqu'elle fût fort économe, et qu'elle se fît même un devoir de cette vertu, son économie n'avait rien de sordide et ne ressemblait nullement à l'avarice. Elle faisait, au contraire, parfaitement, et avec autant de générosité que de bonne grâce, les honneurs de sa maison ; elle donnait de grand cœur l'hospitalité, et ses enfans, quoique vêtus simplement, étaient toujours mis d'une manière propre et très-décente.

Que dirai-je maintenant de ses vertus purement religieuses, si ce n'est

que les chrétiens comme elle sont ex-
cessivement rares de nos jours, surtout au milieu du monde. Sa religion
était profonde, sa foi d'une vivacité
extrême ; on eût dit qu'elle voyait les
objets que cette vertu nous propose à
croire, tant elle en parlait avec chaleur et énergie ; quoiqu'elle fût douce
et modérée par caractère, elle éprouvait un frémissement involontaire
quand elle entendait proférer quelque
jurement, quelque blasphême, ou
déclamer contre la religion et ses ministres ; comme aussi la sainte liberté
avec laquelle elle reprenait ceux qui
se livraient à ces désordres, pour peu
d'autorité qu'elle eût sur eux ou d'as-
cendant sur leur esprit, il n'était
presque pas possible alors de lui tenir
tête, tant elle mettait de force et de
vigueur dans ses réprimandes ou ses
représentations ; il était même comme

impossible de ne pas lui promettre de se corriger, parce qu'elle assaisonnait toujours de charité ses plus forts sermons, et que, comme le pieux Samaritain, elle mêlait habituellement l'huile avec le vin pour guérir les plaies de ses frères.

Son espérance et sa confiance en Dieu étaient sans bornes; et ne fallait-il pas qu'elle eût ses vertus, pour lui faire soutenir les plus rudes épreuves auxquelles le Seigneur l'avait assujétie?

Une fois, entr'autres, son mari fut forcé, pendant la révolution, de partir pour la Vendée, fort incertain s'il reviendrait jamais. Il partit, la laissant enceinte, à la tête d'une grande maison, chargée d'une gestion très-considérable, et ayant sept autres enfans en bas âge et un prêtre insermenté à cacher dans sa maison, avec la cer-

titude de le voir monter à l'échafaud ,
et d'y monter vraisemblablement elle-
même s'il était découvert. Quelle si-
tuation pour une femme seule et livrée
à son propre conseil ! quel sujet de
s'alarmer au dernier point , de se livrer au chagrin , je dirai presque au
désespoir , si elle ne se fût pas jettée ,
pour ainsi dire en aveugle , dans les
bras paternels de la divine Providence.

Comment expliquer le calme et la
sérénité qu'elle fit paraître en cette
occasion et en mille autres à-peu-près
semblables , si ce n'est en disant , avec
l'apôtre Saint-Jean , que la parfaite
charité bannit la crainte et la défiance ?
C'est qu'en effet , cette âme d'élite
brûlait pour Dieu d'un amour très-
ardent. J'ai eu le bonheur de connaître
dans ma vie un grand nombre de
bonnes âmes , d'âmes véritablement
d'une très - haute piété , mais je ne

pense pas en avoir jamais rencontré d'aussi ferventes. Il faut l'avouer, à la louange et à la gloire de Dieu, elle avait reçu d'en haut une grâce très-forte et très-sensible. Ses nombreuses occupations l'empêchaient de s'appliquer beaucoup à l'oraison proprement dite, et cependant on peut affirmer qu'elle était perpétuellement en oraison, parce qu'en effet, elle priait perpétuellement de bouche ou de cœur en allant et venant dans sa maison, en travaillant, en voyageant, en santé, en maladie, dans ses repas, dans ses momens de repos, jusque dans le bain, dont il lui était ordonné de faire usage. Presque toujours on la trouvait, quand elle n'était pas en action, les mains fortement jointes et les yeux élevés au ciel; s'unissant à Dieu par de vives et ardentes affections, tout lui servait de motif ou de moyen pour cela. La

diversité des saisons , les variations du
temps , les nouvelles bonnes ou fâ-
cheuses , les évènemens heureux ou
malheureux , tout ce qu'elle voyait,
tout ce qu'elle lisait , tout ce qu'elle
entendait raconter , lui donnait occasion d'avoir de saintes pensées , d'é-
prouver quelque bon sentiment , de
dire quelques paroles d'édification ,
de s'élever à Dieu , de le bénir , de le
louer , de l'aimer toujours davantage.
Qu'on juge de ce qu'elle faisait dans
ses exercices de piété , dans ses prières
d'obligation , pendant les offices de
l'église, pour lesquels elle avait tant
d'attrait , et qui lui faisait goûter tant
de consolation. Quel recueillement,
qu'elle ravissante modestie elle y faisait paraître; combien elle y était touchée , pénétrée , embrâsée d'amour.
Ces sentimens redoublaient quand elle
assistait au saint sacrifice de la messe ,

pour lequel Dieu lui avait donné une très-grande dévotion. Elle s'y tenait comme un ange, tant sa foi était vive, son respect profond, sa ferveur au-dessus de tout ce que nous pourrions dire. L'ardeur extrême avec laquelle elle priait alors de bouche, quand elle n'était pas abîmée dans la contemplation, son attitude toute seule était capable de réchauffer les plus tièdes et de donner de la ferveur aux plus indévots. Mais c'était bien autre chose quand elle communiait, ce qui lui arrivait très-fréquemment; elle le faisait plusieurs fois la semaine dans sa jeunesse, long-temps avant son mariage, et elle continua de la sorte jusques vers l'an 1792 ou 1793, qu'ayant eu occasion d'être dirigée, d'abord au château, et puis chez elle-même durant plusieurs années, par un prêtre très-pieux et insermenté; car sa maison était l'asyle des ministres fidèles. Cet excellent guide crût devoir récompenser et épurer de plus en plus les sublimes vertus de cette grande âme, en l'admettant à la communion de chaque jour. Rien n'égalait son ardeur toute céleste, ses transports vraiment divins dans cette action ; c'était surtout un spectacle ravissant de la voir au sortir de la sainte table ; on eût dit un chérubin, son attitude, je ne dis pas humble, mais anéantie, son visage enflammé et tout rayonnant, sa respiration extrêmement accélérée et qu'elle n'était pas maîtresse de ralentir, les soupirs involontaires qui s'échappaient de son cœur, qui ne pouvait suffire aux sentimens de sa félicité ; l'air de jubilation, l'allégresse inexprimable qui éclatait sur sa figure, rendait sensible la présence réelle de J.-C. au saint sacrement, et faisait naître des doutes

involontaires aux incrédules les plus obstinés. Les personnes mêmes qui étaient les plus avancées dans la vertu, ne pouvaient que gagner beaucoup à la voir faire son action de grâce après. Il y a plus de vingt ans que je n'ai eu ce bonheur : « Hé bien, ce spectacle ra-
» vissant m'est aussi présent que le pre-
» mier jour où j'en fut témoin. Je vi-
» vrais encore bien des années, qu'il ne
» s'effacera pas de ma mémoire (1) ».

----

(1) Le vénérable prêtre dont nous parlons ici, était l'abbé Laire, chanoine de Guérets, et prédicateur aussi infatigable qu'éloquent et rempli de zèle. Pendant la révolution; il aima mieux se cacher et mener une vie errante, exposé aux plus grands dangers, afin de secourir, dans leurs besoins spirituels, les fidèles catholiques dépourvus de pasteurs, que de sortir de France, comme il lui était facile de le faire; et, après le rétablissement du culte et la réorganisation du diocèse de Limoges, il refusa généreusement un canonicat de la cathédrale, autant par modestie que pour être libre d'aller, soit seul, soit avec quelques-uns de ses con-

De cet ardent amour de Dieu, qui embràsait le cœur de cette sainte femme, procédait celui qu'elle avait dans un dégré presque aussi éminent pour le prochain. Bonne, obligeante et compâtissante par caractère, elle avait ajouté à ces qualités naturelles, cette charité purement chrétienne, qui ne les épure pas seulement, mais encore les accroît considérablement, et leur

---

frères, évangéliser les villes et les campagnes, en prêchant des stations, donnant des retraites, faisant même des missions dans les paroisses les plus délaissées. Il mourut à Limoges, au mois de juin 1811, après avoir beaucoup souffert d'une maladie aussi longue que douloureuse, qui acheva de le purifier de ses fragilités. Il avait composé plusieurs opuscules de controverses et même de piété, ainsi qu'un grand nombre de sermons; et même, en traçant ces lignes, son seul souvenir me cause une impression délicieuse d'admiration et de joie, de ferveur, un vif désir de célébrer et de communier dans d'aussi saintes dispositions que Marie-Anne Lacombe.

donne un nouveau dégré d'intensité. Elle n'avait pas de plus grand plaisir que d'être utile à ses semblables et de leur rendre, avec un empressement et un air de satisfaction qui en doublait le prix à leurs yeux, tous les services qui dépendaient d'elle. Elle se faisait tout à tous pour les malheureux. Je ne fais pas remarquer que quand elle était au château du Chambon, elle pansait avec joie et sans montrer la moindre répugnance, les plaies de tous les malades qui se présentaient, quelques dégoûtantes qu'elles fûssent. Les dames du château, qui faisaient elles-mêmes cette bonne œuvre, pouvaient l'encourager et la soutenir, mais je fais observer qu'elle continua cette même œuvre quand elle alla, avec toute sa famille, d'abord habiter au Noyer (1) et ensuite les

____

(1) C'était une maison de campagne et un domaine très-près du château.

champs (2). Elle lui donna même plus d'étendue, parce qu'alors elle était maîtresse de ses actions. Elle faisait beaucoup d'aumônes; elle en faisait même plus que ne semblait devoir le lui permettre son peu d'aisance. La veille même de sa mort, elle fît donner un drap pour ensévelir une pauvre femme.

Le Saint-Esprit a dit, et l'expérience le confirme; celui qui secoure le pauvre, prête à Dieu à usure, et il est inoui que l'aumône ait jamais appauvri personne. Dès que Marie-Anne Lacombe savait que quelqu'un était dans le besoin, soit par détresse, soit par maladie, elle volait à son secours pour le soulager, si cela était en son pouvoir, ou du moins pour lui don-

____

(1) Jolie maison de campagne avec domaine, que M. Lacombe eût en ferme l'espace de neuf ans.

4

ner des consolations et l'exhorter puissamment à la patience. Elle avouait, avec une candeur et une naïveté charmante, qu'elle aimait son prochain plus qu'elle-même ; ne s'appercevant pas que c'était convenir qu'elle enchérissait sur l'Evangile, qui nous ordonne seulement de l'aimer comme nous-mêmes. Une de ses anciennes amies, qui demeurait à la campagne, assez loin de chez elle, atteste qu'elle ne dit en cela rien que de très-vrai. Quand j'allais la voir, dit-elle, si, pour quelque raison que ce fût, j'avais besoin de changer de linge ou de vêtement quelconque, elle allait aussitôt me chercher tout ce qu'elle avait de mieux ; et, si elle était dans le même cas, lorsqu'elle venait me rendre visite, elle saisissait malgré moi ce que j'avais de moindre. Elle inspirait ces sentimens à ses enfans, et elle exigeait d'eux

que quand ils présentaient leur aumône à un pauvre, ils lui fissent une
profonde révérence, et qu'il leur par-
lassent toujours avec respect, puis-
qu'ils sont les membres de J.-C. Elle
dépouillait souvent ses enfans pour
revêtir des petits malheureux ; mais
la charité de Marie-Anne Lacombe
s'étendait bien au-delà des besoins
corporels du prochain.

Elle visait surtout à lui procurer
les biens de l'âme et à pourvoir à ses
besoins spirituels. Le zèle la dévorait ;
elle eût voulu pouvoir embrâser tous
les cœurs du même feu, autant qu'elle
l'aimait elle-même ; elle avait toujours
quelque mot d'édification à la bouche,
et l'on ne pouvait sortir d'auprès d'elle
sans être saintement embaumé de sa
conversation, et disposé à mieux ser-
vir Dieu qu'auparavant.

L'air de conviction intime, le ton

animé, l'accent persuasif avec lequel elle s'exprimait, faisait encore plus d'impression que ces paroles mêmes.

En voici un exemple : Une vertueuse épouse de J.-C. raconta qu'un jour de Pâques, pendant la révolution, étant allée de grand matin, avec sa sœur, religieuse comme elle, au château du Chambon, pour entendre la sainte messe, M.me Lacombe, qui y demeurait pour lors, et qui les vît arriver, accourut au-devant d'elles, avec un visage riant, et les saluant avec cet air aisé et gracieux qui lui était si naturel, elle leur dit : « Allons, mes » chères sœurs, allons, comme les trois » maries au tombeau de Notre Sei- » gneur », faisant allusion et à la fête que l'église célébrait en ce jour et au saint sacrifice de la messe auquel elles allaient assister. Ces paroles si simples, ajouta cette digne religieuse, ces seules

paroles me firent une impression profonde, et me pénétrèrent de la gran-
deur de l'action que nous allions faire.

Cette sainte femme exerçait spécialement son zèle à l'égard des jeunes
personnes de son sexe, soit qu'elle se
promît près d'elles un plus heureux
succès de ses efforts, soit qu'elle ré-
pugnât moins à leur donner des avis,
qu'à le faire à des personnes plus âgées
ou d'un sexe différent. Une d'elle,
qui se félicite aujourd'hui de vivre
sous les lois de S.-François de Salles,
raconte qu'à l'âge de quatorze ans,
étant encore dans le monde, et ayant
beaucoup de répugnance pour l'état
religieux, auquel néanmoins elle se
sentait fortement appelée depuis sa
plus tendre enfance, elle eût le bonheur
de connaître et de fréquenter Madame
Lacombe à Limoges, où elles demeu-
rent l'une et l'autre ; bientôt, quoique

vive et légère, charmée de la bonté et des manières prévenantes de cette sainte femme, elle s'attacha à elle, goûta ses avis et acheva de se donner à Dieu, et même par faire ce que la grâce lui inspirait depuis si long-temps; je veux dire par entrer dans le cloître.

C'était ainsi que Marie-Anne Lacombe se dédommageait en quelque sorte de n'avoir pu se faire religieuse. Elle engageait les autres à embrasser ce saint état, pour lequel elle conserva toute sa vie la plus haute estime. C'était, en effet, sur quoi elle insistait le plus dans ses fréquens entretiens avec les jeunes personnes dont je parle. Elle les exhortait perpétuellement à rompre avec le monde, pour suivre la voix de Dieu qui l'appelait à la solitude. Elle leur parlait souvent de l'exemple de Jésus-Christ, du prix de l'humilité, et leur donnait, en toute occasion, des leçons de cette vertu, qn'aussi bien elle connaissait parfaitement, et qu'elle pratiquait encore mieux.

En effet, Marie-Anne Lacombe était humble, fort humble, comme le sera toujours la véritable vertu. Elle l'était d'autant plus qu'elle affec-tait moins de l'être. On ne l'entendait jamais proférer de ces paroles d'hu-milité qui provoquent adroitement la louange, ou du moins qui valent, à celui qui les dit, la réputation d'être bien humble. Elle eût plutôt visé à se faire oublier, qu'à se faire mépriser et à empêcher qu'on ne parlât d'elle, qu'à en faire parler désavantageuse-ment. Mais je ne crois pas qu'elle eût cette pensée, parce que je ne crois pas qu'elle eût beaucoup à se défendre contre l'amour propre de la vaine gloire.

Il ne lui venait pas même en pensée de s'énorgueillir tant soit peu , et
de se préférer à qui que ce fût. Elle
allait d'ailleurs si droit à Dieu , elle
le servait si purement pour lui-même , qu'elle n'était pas tentée de lui
dérober une seule de ses pensées ou
de ses actions , et de se rechercher en
rien elle-même.

Mais si l'on ne l'entendait guères
prononcer des paroles d'humilité , on
voyait très-clairement reluire cette
excellente vertu dans toutes ses œu-
vres. Dès sa jeunesse , elle fût enne-
mie de l'éclat et de la parure , contre
l'usage ordinaire des jeunes personnes
de son sexe. S'il lui arrivait quelque
humiliation , elle devait y être d'autant plus sensible , qu'elle avait le
genre nerveux extrêmement délicat ;
mais elle concentrait en elle-même sa
sensibilité , et s'en faisait une occasion

de mérite devant Dieu. Ayant fait, surtout dans les dix dernières années de sa vie, de très-grands progrès dans le chemin de la perfection, il semblait qu'elle aurait dû être tentée de faire à ses amies, en certaines occasions, des leçons de spiritualité ; mais non, jamais on ne la vit en ce genre, non plus qu'en aucun autre, faire la savante et la femme capable, ni sortir tant soit peu de l'ordre commun. Elle parlait souvent de Dieu, il est vrai, parce qu'elle l'aimait beaucoup. Du reste, elle le faisait de l'abondance de son cœur et sans la moindre ostentation. Elle ne montrait aucune prétention aux grâces et aux voies extraordinaires. Elle n'était ni attachée, soit à son sens ou à sa volonté, soit aux confesseurs qui la dirigeaient, ou à ses communions et autres exercices pieux, dont elle faisait le sacrifice sans peine, quand son devoir l'exigeait.

Elle s'accommodait à tout avec une flexibilité de caractère et une douceur charmante, autre vertu qui est la compagne inséparable de l'humilité, et que Marie - Anne Lacombe posséda aussi dans un dégré très-élevé; s'il faut s'en rapporter au témoignage des personnes qui l'ont le mieux connue. C'était même une des qualités qu'on admirait le plus en elle, et qui la faisait le plus chérir de tous ceux qui avaient avec elle quelque rapport. Elle ne s'émouvait jamais pour les choses de la terre. Si elle était quelquefois obligée de corriger ses enfans dans leurs premières années, elle le faisait avec un calme et un sang froid merveilleux, quelque peine qu'elle en eût (et elle en a éprouvé de toutes sortes et de très-pénibles); quelque violen-

tes que fussent ses douleurs corpo-
relles, jamais elle ne murmurait ni
ne s'impatientait ; seulement, quand
les unes et les autres étaient passées,
elle attribuait ses maux à ses péchés,
et disait, en gémissant du fond de son
cœur , qu'elle ne souffrait jamais
assez pour les expier. Une seule chose
la faisait quelquefois sortir de son
assiette paisible et tranquille ; c'était
les médisances ou les paroles libres
et obscènes, quand on s'en permettait
en sa présence ou en la présence de ses
enfans. Elle était alors saisie d'indignation, et entrait dans une espèce
de sainte colère dont on n'avait garde
de se scandaliser, dont on s'édifiait
même, parce qu'on connaissait géné-
ralement extrême la délicatesse de sa
conscience et la pureté des motifs qui
la faisaient agir.

Eprouvait-elle un accident ou quel-

qu'évènement fâcheux, son âme, tou-
jonrs unie à Dieu, ne perdait rien de
son calme et de sa sérénité ordinaire.
Au lieu de s'inquiéter et de s'affliger
à l'excès, comme tant d'autres, elle
s'élevait aussitôt à de hautes considé-
rations, et trouvait, dans les grands
sentimens de religion dont elle était
pénétrée, une ressource assurée contre
la peine qu'elle ressentait. En voici un
exemple frappant. Elle vit un jour
s'élever sur les champs de la ferme
qu'exploitait son mari, un orage me-
naçant ; bientôt une grêle épouvantable hache ses blés, dévaste ses champs
et lui fait perdre, en peu d'instans,
la récolte et tous les travaux d'une
année. Aussitôt, joignant les mains
et levant les yeux au ciel, elle se jette
à terre à deux genoux, avec sa vivacité de sentimens ordinaires, en
disant à ses enfans rassemblés autour

d'elle : « A genoux, mes enfans, re-
» mercions tous ensemble le bon Dieu
» qui nous afflige en ce monde, pour
» nous épargner dans l'autre »; courte,
mais sublime exhortation à la patience
et à la résignation dans les adversi-
tés ; laquelle vraisemblablement ne
s'effacera jamais de la mémoire de
ceux de ses enfans qui furent témoins
de cette scène éminemment chrétienne
et religieuse.

Marie-Anne Lacombe, quoiqu'elle
eût prodigieusement travaillé toute sa
vie, et qu'elle eût eu un si grand
nombre d'enfans, avait joui d'une
assez bonne santé, à ses maux de
nerfs près, jusques vers l'âge de qua-
rante ans ; mais, à cette époque de sa
vie, sa santé commença visiblement
à décliner. Cette vertueuse femme fut
atteinte successivement de maux et
d'infirmités qui ne firent que croître

jusqu'à sa mort, laquelle n'arriva qu'onze ans plus tard. Qu'on juge combien elle eut à souffrir et ce qu'elle dut acquérir de mérite devant Dieu durant ce long intervalle. Soumise et résignée, elle était embrâsée d'amour pour Dieu, et satisfaite de souffrir pour lui.

Mais ce fut surtout pendant sa dernière maladie, qui fût violente, qu'elle fit éclater ces sublimes dispositions ; il ne fallait pas moins qu'une foi aussi vive et une constance aussi inébranlable que la sienne, pour supporter les douleurs aiguës qu'elle souffrait dans toutes les parties de son corps. Au rapport de son mari, qui ajoute qu'elle éprouvait maux sur maux, douleur sur douleur, et que son état, aux yeux de la nature, était un des plus déplorables, cependant elle ne s'affligeait pas : lui demandait-on comment elle se trouvait , toujours snr la croix , répondait-elle , avec une sérénité ravissante ; tant sa foi était grande, tant elle était consolée de penser qu'elle mourrait comme son Sauveur entre les bras de la croix. Elle l'avait toujours ardemment aimée et honorée d'un culte très-particulier ; aussi voulût-elle avoir un crucifix à la main pendant toute sa maladie, et ne le laissât-elle échapper qu'après qu'elle eût rendu le dernier soupir.

Elle avait eu également toute sa vie une tendre dévotion et une grande confiance aux saints qui règnent avec Dieu dans le ciel , surtout à la reine des saints , sou auguste patronne , et à son chaste époux, Saint Joseph (1).

____

(1) Ce grand saint l'en récompensa une fois par une faveur insigne qu'il lui obtint , comme on a tout lieu de le croire , par sa puissante intercession auprès de Dieu. Ce fut la guérison presque subite

6 **

Ces sentimens ne se démentirent pas , ou plutôt ils ne firent que s'accroître quand elle fut au lit de la mort. Malgré toute la confiance qu'elle avait en l'infinie bonté de Dieu et aux mérites de Jésus-Christ, craignant avec raison la rigueur épouvantable de ses jugemens , elle chercha à se faire auprès de lui de puissans intercesseurs , et ne cessa d'implorer les secours de la Cour céleste qu'en cessant de vivre.

Quand elle connut, par l'épuisement de ses forces et l'augmentation

---

de sa fille aînée , jeune personne d'environ 20 ans, qui portait le nom du saint, et qui ayant une plaie horrible à la cuisse et à la jambe, avait été, après plusieurs remèdes inutiles, abandonnée des médecins, et déclarée sans ressources, à moins qu'on ne lui fit l'amputation. Elle fût sensiblement soulagée du moment que sa pieuse mère eût invoqué le saint pour elle ; et elle guérit radicalement peu de temps après , sans autres secours que les soins assidus de cette vertueuse femme.

progressive de ses douleurs, que ce dernier moment ne pouvait être fort éloigné, elle fit appeler son confesseur, qui était en même-temps son pasteur, et reçut les sacremens de Pénitence et d'Extrême-Onction avec un vif repentir des fautes de toute sa vie, et une entière confiance en la miséricorde de celui qu'elle avait aimé incomparablement plus qu'elle-même. Je ne nomme que les sacremens de Pénitence et d'Extrème-Onction , parce qu'en effet une toux presque continuelle et une abondante expectoration, l'empêchèrent de recevoir le saint Viatique, et lui causèrent ainsi la peine la plus vive qu'elle eût peut-être ressentie en toute sa vie : dernière épreuve par laquelle le Seigneur voulut achever de la purifier et la disposer à paraître immédiatement à son redoutable tribunal. Quoiqu'il n'y eut qu'environ quinze jours qu'elle avait communié, elle se plaignait et lamentait amoureusement de cette dure privation, et la regardait comme une punition de Dieu. Elle en prenait occasion de s'humilier et d'exhorter ses enfans à être plus assidus qu'ils n'avaient été à recevoir dignement les sacremens, et à se mieux préparer à la mort qu'elle n'avait fait elle-même.

Tel étaient les sentimens de notre sainte mourante, dans ces derniers momens où toutes les illusions disparaissent, où l'on voit les objets tels qu'ils sont en eux-mêmes, et où l'on se montre soi-même, quand on a de la piété, tel qu'on est aux yeux de Dieu, sans fard et sans le moindre déguisement. Ses autres sentimens chrétiens ne le cédaient pas à celui-ci; mais il faut entendre ici son mari lui-même. Il avoue dans son intéressant écrit, que lorsqu'il voulait lui adresser quelques paroles de consolation ou d'édification, il ne pouvait articuler un mot, et sa voix était étouffée par ses sanglots. Pour elle, continue-t-il, sa résignation, sa foi, sa charité, sa confiance en Dieu, étaient portées à un tel dégré, qu'aucun sentiment naturel ne pouvait plus trouver place dans cette âme morte à tout ce qui est créé, ni émouvoir cette sensibilité exquise qui en avait fait l'épouse et la mère la plus tendre. Elle était encore l'une et l'autre, mais elle ne se regardait plus que comme fille et servante du Seigneur. Son esprit ne pensait plus qu'à lui; son cœur n'aimait plus que lui ; toutes ses inclinations, tous ses désirs, toutes ses affections étaient dirigées vers lui.

Dès que ses cuisantes douleurs lui laissaient un peu de relâche, on la voyait ravie comme en extase, ses yeux mourans étaient fixés au ciel, ses lèvres livides balbutiaient, comme autrefois celles de Sainte Paule expirante, quelques prières, bien mieux expliquées par les sentimens de son cœur, que par les sons inarticulés de sa voix défaillante. Elle semblait s'adresser aux anges pour les supplier de recevoir ses derniers soupirs et de les porter aux pieds du trône de l'Eternel.

Revenue de ses profondes rêveries, notre vertueuse moribonde s'étonnait et s'affligeait en quelque sorte de trouver encore son âme retenue et comme enchaînée dans la prison d'un corps de boue ; et elle s'en plaignait amoureusement en disant : « Je ne » puis rendre l'âme ». Cependant, voyant que l'heure fatale approchait, elle pria son mari de rassembler autour de son lit ceux de ses enfans qui demeuraient avec elle, afin qu'elle leur donnât sa dernière bénédiction ; ce qu'elle fit. Martial Lacombe rapporte ici le discours touchant qu'il adressa en cette occasion à sa tendre épouse, comme aussi celui qu'il fit à leurs enfans communs, pour les disposer à cette scène religieuse et attendrissante. Je les omets pour abréger, et je me borne à citer ses réflexions pleines de vérités, de justice et de piété, sur l'espèce d'héroïque impassibilité que fit paraître en cette occasion la sainte agonisante.

« Cette scène, dit-il, si déchirante
» pour une épouse et une mère qui
» avait toujours tant aimé son mari
» et ses enfans, les larmes de ces der-
» niers, leurs soupirs, leurs san-
» glots, ceux des spectateurs et les
» miens propres, tout cela était bien

» capable sans doute d'émouvoir ex-
» traordinairement un cœur tel que
» le sien ; mais, point du tout, cette
» âme forte ne tient plus à la terre,
» elle n'a plus rien d'humain. Elevée
» au-dessus des sens, elle parait ha-
» biter dans une autre région, elle
» n'appartient plus qu'au ciel. En
» effet, elle ne tarda que de quelques
» heures à s'y envoler ».

Sa mort fut douce comme avait été sa vie ; elle conserva jusqu'à son dernier soupir l'usage de la parole et celui de la raison, et son trépas ne fut que comme un doux sommeil, au réveil duquel elle se sera trouvée dans le sein de son Dieu ; l'ensemble de sa vie nous le fait justement présumer. Marie-Anne Lacombe mourut âgée de près de 52 ans, le 11 octobre 1803, et fut inhumée dans la paroisse de S.-Laurent-les-Églises, canton d'Ambazac, avec des honneurs extraordinaires ; hommages solemnels que son pasteur crut avec raison devoir rendre aux cendres d'une personne qui avait été si éminemment vertueuse.

A MELUN,
de l'Imprimerie de Lefèvre-Compigny.